# NOVENA
# AO ESPÍRITO SANTO

## Coleção **NOVENAS E ORAÇÕES**

• *Adoração ao Santíssimo Sacramento* • *Compaixão de Maria (A). Setenário das Dores de Nossa Senhora* • *Devocionário de Santo Antônio: novena, trezena, orações diversas* • *Devocionário de São Miguel Arcanjo* • *Livro do terço dos homens* • *Manual do cristão: orações diárias* • *Mistérios do rosário* • *Nossa Senhora da Conceição Aparecida* • *Nossa Senhora do Perpétuo Socorro: mãe acolhedora* • *Nossa Senhora do Perpétuo Socorro: mãe carinhosa* • *Nossa Senhora do Perpétuo Socorro: mãe companheira* • *Nossa Senhora do Perpétuo Socorro: mãe do belo amor* • *Novena ao Espírito Santo* • *Novena bem-aventurada Albertina Berkenbrock* • *Novena bem-aventurada Francisca de Paula de Jesus – Nhá Chica* • *Novena bem-aventurada Lindalva Justo de Oliveira* • *Novena bíblica de São José* • *Novena Divina Misericórdia* • *Novena do Espírito Santo: a cura do coração* • *Novena e tríduo Santa Rita de Cássia* • *Novena Frei Galvão* • *Novena Irmã Dulce* • *Novena Menino Jesus de Praga* • *Novena Nossa Senhora Auxiliadora* • *Novena Nossa Senhora das Graças (Medalha Milagrosa)* • *Novena Nossa Senhora de Fátima* • *Novena Nossa Senhora de Nazaré* • *Novena Nossa Senhora Desatadora de Nós* • *Novena Nossa Senhora do Carmo* • *Novena Padre Eustáquio* • *Novena Padre Pio de Pietrelcina* • *Novena Rezando com Nossa Senhora do Perpétuo Socorro* • *Novena Rezando com os anjos* • *Novena Rezando com São Camilo de Lélis* • *Novena Rezando com São José* • *Novena Sagrado Coração de Jesus* • *Novena Salve, Rainha, Mãe de Misericórdia* • *Novena Santa Bárbara* • *Novena Santa Clara* • *Novena Santa Edwiges* • *Novena Santa Luzia* • *Novena Santa Teresa de Calcutá* • *Novena Santa Teresinha do Menino Jesus* • *Novena Santo Antônio de Categeró* • *Novena Santo Expedito* • *Novena São Benedito* • *Novena São Bento* • *Novena São Brás* • *Novena São Cristóvão* • *Novena São Francisco de Assis* • *Novena São João Maria Vianney* • *Novena São João Paulo II* • *Novena São Jorge* • *Novena São Judas Tadeu* • *Novena São Sebastião* • *Novena São Tarcísio* • *Ofício de Nossa Senhora* • *Orações ao Espírito Santo* • *Orações de esperança para o doente* • *Orações do Cristão – Português-Latim* • *Pequena coroa de Nossa Senhora* • *Rezando com Santa Paulina* • *Rosário das sete dores de Nossa Senhora* • *Santo rosário (O): terço* • *Santo rosário de Nossa Senhora*

# NOVENA
# AO ESPÍRITO SANTO

PAULUS

Organização
*Equipe de "Liturgia Diária"*

Editoração, impressão e acabamento
PAULUS

 Seja um leitor preferencial **PAULUS**.
Cadastre-se e receba informações
sobre nossos lançamentos
e nossas promoções: **paulus.com.br/cadastro**
Televendas: **(11) 3789-4000 / 0800 16 40 11**

1ª edição, 1995
10ª reimpressão, 2018

© PAULUS – 1995

Rua Francisco Cruz, 229 • 04117-091 – São Paulo (Brasil)
Tel.: (11) 5087-3700 • Fax: (11) 5579-3627
paulus.com.br • editorial@paulus.com.br

ISBN 978-85-349-0466-7

# INTRODUÇÃO

No meio da Igreja, sustentada pela força da Trindade, o povo eleito, que somos nós, caminha rumo à libertação. A festa de Pentecostes marca o início da Igreja missionária e, ao mesmo tempo, se apresenta como cumprimento da promessa do Pai: "... derramarei o meu espírito sobre todos os viventes, e os filhos e as filhas de vocês se tornarão profetas" (Jl 3,1). Essa promessa feita pelo Pai foi cumprida, mas se renova a cada momento em que nos abrimos à sua ação. Segundo a proposta da Igreja, viveremos essa memória que é realidade; então, nos prepararemos bem para acolhermos do Pai e do Filho a plenitude do seu amor: o Espírito Santo.

# NOVENA
# AO ESPÍRITO SANTO

# ABERTURA
(Para todos os dias)

*O dirigente dá as boas-vindas a todos, convida para que o grupo entre em clima de oração e inicia o encontro com um canto (páginas 61ss). A seguir diz:*

*Dir.:* Nós estamos aqui reunidos em nome do Pai, do Filho e do Espírito Santo.
*Todos:* Amém!
*Dir.:* No dia de Pentecostes os discípulos estavam reunidos.
*Todos:* Todos ficaram repletos do Espírito Santo.
*Dir.:* Nós também nos reunimos em nome de Deus para nos deixar conduzir pelo Espírito Santo.

*Todos:* Espírito de Deus, enviai do céu um raio de luz sobre todos nós. Vinde, Espírito Santo, enchei os nossos corações e acendei em nós o fogo do vosso amor.
*Dir.:* Enviai, Senhor, o vosso Espírito e tudo será criado.
*Todos:* E renovareis a face da terra.
*Dir.:* Rezemos a oração do Espírito Santo.
*Todos:* Espírito Santo, estamos diante de vós, sob o peso de nossas culpas, porém reunidos em vosso nome. Vinde a nós e ficai conosco! Entrai em nossos corações. Ensinai-nos o que devemos fazer. Que caminho seguir. Mostrai-nos como devemos agir, para podermos, com vossa ajuda, agradar-vos em tudo. Que somente

vós sejais o inspirador e o doador de nossos pensamentos. Vós, que amais infinitamente a justiça, não permitais que façamos injustiças. A ignorância não nos leve a praticar a maldade. Que ninguém de nós se deixe guiar olhando só para um lado, com parcialidade ou com interesses puramente pessoais. Ao contrário, que estejamos firmemente unidos a vós, para sermos um só convosco, nunca nos desviando da verdade. Espírito Santo, assim como nos reunimos em vosso nome, guiados pelo vosso amor, fazei que permaneçamos sempre unidos na justiça. E que nesta terra jamais nos afastemos de vós. E na vida futura, alcancemos a felicidade eterna. Amém.

## PRIMEIRO DIA
## REUNIDOS EM NOME DO ESPÍRITO

1. Abertura (*página 9*)

2. Motivação

*Dir.:* Vamos recordar nossa história pessoal e também fazer memória da história da Igreja da qual participamos. Recordemos a história de nossa própria comunidade e vejamos como o Espírito Santo vem se manifestando em nosso meio. Façamos um momento de silêncio e busquemos entender a dinâmica do Espírito de Deus em sua Igreja.

*Breve momento de silêncio.*

## 3. Palavra de Deus – Joel 3,1-5

*Antes da leitura, pode-se entoar um canto para acolher a palavra de Deus. Após a leitura, o dirigente convida os participantes a confrontar, em breve silêncio, a reflexão pessoal com a leitura proposta.*

## 4. Partilha

*O grupo partilha sobre os pontos sugeridos a seguir ou sobre outros.*

1) Como a Igreja vive a promessa de Pentecostes? 2) O que a palavra de Deus provoca em nós? 3) O dom do Espírito Santo é para todos e não apenas para pequenos grupos.

## 5. Canto – à escolha (*páginas 61ss*)

## 6. Preces

*O dirigente convida o grupo para realizar preces espontâneas.*

## 7. Oração

*Todos:* Espírito Santo consolador! Aperfeiçoai em nós a obra que Jesus começou. Tornai forte e contínua a oração que fazemos em nome do mundo inteiro. Apressai para cada um de nós os tempos de uma profunda vida interior. Impulsionai a nossa missão, que deseja atingir todas as criaturas. Tudo seja grande em nós: a busca e o culto da verdade; a prontidão para o sacrifício até a cruz e a morte; e que tudo enfim corresponda à oração sacerdotal de Jesus ao Pai celeste e àquela doação que o Pai e o Filho fazem de vós, Espírito de amor, em favor de cada pessoa e de todos os povos. Amém.

*Dir.:* Num gesto de louvor e ação de graças rezemos, unidos, a oração da comunidade, a oração que o próprio Cristo nos ensinou.

*Todos:* Pai nosso, que estais nos céus...

8. BÊNÇÃO

*O dirigente estende a mão direita sobre o grupo e diz:*

*Dir.:* Que a força do Espírito Santo nos guarde em sua graça. Que o Filho nos ensine sempre o caminho do serviço e que Deus Pai nos revele seus planos de amor!

*Todos:* Amém!

*Dir.:* Abençoe-nos a Trindade Santíssima: Pai, Filho e Espírito Santo.

*Todos:* Amém!

*Dir.:* Louvado seja nosso Senhor Jesus Cristo.

*Todos:* Para sempre seja louvado!

9. Canto final – à escolha (*paginas 61ss*)

## SEGUNDO DIA
# DAI-NOS, SENHOR, SABEDORIA

1. ABERTURA (*página 9*)

2. MOTIVAÇÃO

*Dir.:* Através da sabedoria conhecemos a vontade de Deus e mergulhamos na força do seu amor. A sabedoria divina não se compara à sabedoria humana. Para adquiri-la não se faz necessária a leitura de muitos livros ou títulos acadêmicos; o que realmente se requer para adquirir a sabedoria de Deus é um coração puro e verdadeiro. Como entendemos a sabedoria e nos relacionamos com ela? Reflitamos em nossos corações.

*Breve momento de silêncio.*

## 3. Palavra de Deus – Sabedoria 7,22-30

*Antes da leitura, pode-se entoar um canto para acolher a palavra de Deus. Após a leitura, o dirigente convida os participantes a confrontar, em breve silêncio, a reflexão pessoal com a leitura proposta.*

## 4. Partilha

*O grupo partilha sobre os pontos sugeridos a seguir ou sobre outros.*

1) Quem são os sábios de nossa sociedade? 2) Como eu percebo e cultivo em mim a sabedoria? 3) Qual é a sabedoria de que necessitamos para poder participar da vida de Deus?

5. Canto – à escolha (*páginas 61ss*)

6. Preces

*O dirigente convida o grupo para realizar preces espontâneas.*

7. Oração

*Todos:* Deus de nossos pais e Senhor de misericórdia, tudo criastes com a vossa palavra. Com a vossa sabedoria formastes o ser humano para dominar as criaturas que fizestes, para governar o mundo com santidade e justiça e exercer o julgamento com retidão de alma. Concedei-nos a sabedoria, que está entronizada ao vosso lado, e não nos excluais do número de vossos filhos e filhas. Mandai a sabedoria desde o céu santo e a enviai desde o vosso trono glorioso, para que ela nos acompanhe e participe dos nossos trabalhos e nos ensine o que é agradável a vós. Ela tudo sabe e tudo compreende. Ela nos guiará e nos protegerá prudentemente em nossas ações.

*Dir.:* Rezemos pedindo a Maria proteção maternal para todos nós.

*Todos:* Ave, Maria, cheia de graça...

8. BÊNÇÃO

*O dirigente estende a mão direita sobre o grupo e diz:*

*Dir.:* Que a sabedoria que vem de Deus nos faça viver vida plena e nos coloque no caminho da solidariedade junto a nossos irmãos e irmãs.

*Todos:* Amém!

*Dir.:* Abençoe-nos Deus todo-poderoso: Pai, Filho e Espírito Santo.

*Todos:* Amém!

*Dir.:* Louvado seja nosso Senhor Jesus Cristo.

*Todos:* Para sempre seja louvado!

9. CANTO FINAL – à escolha (*páginas 61ss*)

## TERCEIRO DIA

## DAI-NOS, SENHOR, FORTALEZA

1. Abertura (*página 9*)

2. Motivação

*Dir.:* Quando falamos de fortaleza, lembramos de resistência e luta. Em nossa vida, em nossa comunidade e em nossa sociedade precisamos ser fortes para resistir ao mal e não sermos vencidos por ele. Fortaleza é o de que necessita nossa juventude para que verdadeiramente construa um mundo melhor em meio a toda essa realidade tão confusa. Reflitamos em nossos corações sobre as nossas forças e fraquezas.

*Breve momento de silêncio.*

## 3. Palavra de Deus – 1João 2,12-14

*Antes da leitura, pode-se entoar um canto para acolher a palavra de Deus. Após a leitura, o dirigente convida os participantes a confrontar, em breve silêncio, a reflexão pessoal com a leitura proposta.*

## 4. Partilha

*O grupo partilha sobre os pontos sugeridos a seguir ou sobre outros.*

1) O que se entende hoje por fortaleza? 2) Como os pais ensinam seus filhos a resistir ao mal? 3) Todos precisamos da força do Espírito para vencermos continuamente o mal.

## 5. Canto – à escolha (*páginas 61ss*)

## 6. Preces

*O dirigente convida o grupo para realizar preces espontâneas.*

## 7. Oração

*Todos:* Espírito Santo, concedei-nos o dom da fortaleza. Com ele, não teremos medo de nada: nem de ofensas, nem de sofrimentos. E teremos ânimo para não desanimar no caminho que nos leva para vós. Com o dom da fortaleza teremos forças para fugir do pecado e praticar as virtudes.

*Dir.:* Peçamos a Maria, nesta dezena do terço, que interceda por nós junto ao Pai para que ele nos conceda um espírito de fortaleza.

*Rezar uma dezena do terço.*

8. BÊNÇÃO

*Dir.:* Que a fortaleza de nosso Deus nos ampare no caminho da salvação e nos faça fortes segundo a força que vem do céu.

*Todos:* Amém!

*Dir.:* Abençoe-nos Deus todo-poderoso: o Pai, o Filho e o Espírito Santo.

*Todos:* Amém!

*Dir.:* Louvado seja nosso Senhor Jesus Cristo.

*Todos:* Para sempre seja louvado!

9. CANTO FINAL – à escolha (*páginas 61ss*)

## QUARTO DIA

# DAI-NOS, SENHOR, CONSELHO

1. Abertura (*página 9*)

2. Motivação

*Dir.:* O dom do conselho se refere à graça de Deus que bem nos orienta no caminho da vida. À medida que nos abrimos à presença de Deus, nos formamos interiormente e nos capacitamos a ajudar nossos irmãos. Tornamo-nos novas criaturas e colaboramos na proclamação do reino que já está no meio de nós. Nossos idosos, que são tão discriminados, possuem, pelas suas vivências e experiências, o conselho em suas vidas. Reflitamos, hoje, no silêncio de nossos corações, sobre o dom do conselho que nos vem de Deus, não como meio de engrandecimento pessoal, mas como meio de implantação do reino. Pensemos também em nossos idosos, tão discriminados e sozinhos.

*Breve momento de silêncio.*

## 3. Palavra de Deus – 2Timóteo 4,1-5

*Antes da leitura, pode-se entoar um canto para acolher a palavra de Deus. Após a leitura, o dirigente convida os participantes a confrontar, em breve silêncio, a reflexão pessoal com a leitura proposta.*

## 4. Partilha

*O grupo partilha sobre os pontos sugeridos a seguir ou sobre outros.*

1) Como acolhemos em nossa vida e em nossa comunidade as manifestações do conselho de Deus para conosco? 2) Como nos dispomos a colaborar na divulgação do reino, tendo em vista a nossa própria vida? 3) A base do conselho deve ser a palavra de Deus.

5. Canto – à escolha (*páginas 61ss*)

6. Preces

*O dirigente convida o grupo para realizar preces espontâneas.*

7. Oração

*Todos:* Espírito Santo, concedei-nos o dom do conselho. Com ele, poderemos encontrar a decisão certa no momento certo. E saberemos também aconselhar, ajudando o nosso próximo, não só com sugestões, mas principalmente com o nosso bom exemplo, com nosso testemunho de vida cristã e com nossa solidariedade.

*Dir.:* Rezemos três ave-marias.

*Todos:* Ave, Maria, cheia de graça...

8. Bênção

*Dir.:* Ó Deus, em vossa misericórdia, olhai com bondade para cada um de nós aqui reunidos e concedei-nos o vosso conselho. Que a vossa graça em nós produza muitos frutos de vida, para o nosso crescimento e de vossa Igreja.

*Todos:* Amém!

*Dir.:* Abençoe-nos Deus todo-poderoso: o Pai, o Filho e o Espírito Santo.

*Todos:* Amém!

*Dir.:* Louvado seja nosso Senhor Jesus Cristo.

*Todos:* Para sempre seja louvado!

9. Canto final – à escolha (*páginas 61ss*)

## QUINTO DIA

## DAI-NOS, SENHOR, ENTENDIMENTO

1. ABERTURA (*página 9*)
2. MOTIVAÇÃO

*Dir.:* Para bem caminharmos nesta vida, é necessário que tanto a nossa dimensão espiritual quanto a material estejam satisfeitas. O dom do entendimento nos faz perceber com mais clareza os fatos que nos envolvem, e nos impulsiona a lutar por condições mais justas de vida para todos. Reflitamos em nossos corações sobre de que modo percebemos cada acontecimento em nossa vida e sobre a falta de justiça social em nossa sociedade.

*Breve momento de silêncio.*

## 3. Palavra de Deus – Mateus 28,16-20

*Antes da leitura, pode-se entoar um canto para acolher a palavra de Deus. Após a leitura, o dirigente convida os participantes a confrontar, em breve silêncio, a reflexão pessoal com a leitura proposta.*

## 4. Partilha

*O grupo partilha sobre os pontos sugeridos a seguir ou sobre outros.*

1) Como entendemos a presença de Deus no mundo e nos irmãos, hoje?
2) Como entendemos e executamos a nossa missão de anunciadores do reino? 3) O entendimento nos

ajuda a discernir quais os projetos do mundo e qual o projeto de Deus.

5. CANTO – à escolha (*páginas 61ss*)

6. PRECES

*O dirigente convida o grupo para realizar preces espontâneas.*

7. ORAÇÃO

*Todos:* Espírito Santo, concedei--nos o dom do entendimento para que, iluminados pela luz celeste de vossa graça, possamos entender as grandes verdades da salvação e os ensinamentos da Igreja católica. Com este dom, poderemos compreender sempre melhor a vossa palavra em nossas vidas, na vida do nosso próximo, na Bíblia e nos acontecimentos de cada dia. Assim viveremos sempre de acordo com a vossa vontade.

*Dir.:* Peçamos, com a oração do pai-nosso, que Deus nos conceda sua luz e sua paz. Que o seu entendimento nos encha o coração e nos faça comprometidos com a construção do reino. Que o Pai nos ajude a promover mais igualdade em nosso meio.

*Todos:* Pai nosso, que estais nos céus...

8. BÊNÇÃO

*Dir.:* Que a esperança mova os nossos corações e nos liberte de todo egoísmo e vaidade.

*Todos:* Amém!

*Dir.:* Que o entendimento que vem do alto nos comprometa com o reino e sua propagação.

*Todos:* Amém!

*Dir.:* Abençoe-nos o Deus amoroso: Pai, Filho e Espírito Santo.

*Todos:* Amém!

*Dir.:* Louvado seja nosso Senhor Jesus Cristo.

*Todos:* Para sempre seja louvado!

9. Canto final – à escolha (*páginas 61ss*)

## SEXTO DIA

# DAI-NOS, SENHOR, PIEDADE

1. Abertura (*página 9*)

2. Motivação

*Dir.:* Ter piedade não é o mesmo que ter pena ou dó. Ter piedade é ter um coração dócil a Deus e cultivar com muita profundidade a oração. Através da oração, compreendemos melhor o projeto de Deus para conosco e para com seu povo, e nos lançamos em novas iniciativas de missão. O dom da piedade, que é oração, não deve ser encarado por nós na dimensão divina, mas principalmente na dimensão humana, em que o contato com Deus se traduz em vida para os irmãos. Consideremos nossa vida de oração.

*Breve momento de silêncio.*

## 3. Palavra de Deus – João 17,1-5

*Antes da leitura, pode-se entoar um canto para acolher a palavra de Deus. Após a leitura, o dirigente convida os participantes a confrontar, em breve silêncio, a reflexão pessoal com a leitura proposta.*

## 4. Partilha

*O grupo partilha sobre os pontos sugeridos a seguir ou sobre outros.*

1) Como vivo os meus momentos de oração? 2) Como a minha oração se traduz em gestos concretos de vida? 3) A oração me aproxima de Deus e das pessoas ou me afasta delas?

5. Canto – à escolha (*páginas 61ss*)

6. Preces

*O dirigente convida o grupo para realizar preces espontâneas.*

7. Oração

*Todos:* Espírito Santo, concedei-nos o dom da piedade, aquela afeição filial diante do nosso Pai celeste. Com esse dom, continuaremos amando a Deus de todo o coração, com todas as nossas forças, com toda a nossa inteligência, com toda a nossa alegria, mesmo nos momentos de amargura e dor. E saberemos amar e animar o nosso próximo como a nós mesmos, com o temor somente de ofender alguém, seja quem for.

Porque vós nos tornastes filhos e filhas de Deus.

*Dir.:* Rezemos uma dezena do terço, na qual contemplaremos a vinda do Espírito Santo sobre Maria e os apóstolos, em intenção de todo o povo de Deus que, como Igreja, aguarda a manifestação do mesmo Espírito de Deus, gerador da vida.

*Rezar uma dezena do terço.*

8. BÊNÇÃO

*Dir.:* Que a força do Espírito Santo nos guarde em sua graça. Que o Filho nos ensine sempre o caminho do serviço, e que Deus Pai nos revele seus planos de amor!

*Todos:* Amém!

*Dir.:* Abençoe-nos a Trindade Santíssima: Pai, Filho e Espírito Santo.

*Todos:* Amém!

*Dir.:* Louvado seja nosso Senhor Jesus Cristo.

*Todos:* Para sempre seja louvado!

9. CANTO FINAL – à escolha (*páginas 61ss*)

# SÉTIMO DIA
# DAI-NOS, SENHOR, TEMOR

1. ABERTURA (*página 9*)
2. MOTIVAÇÃO

*Dir.:* O temor de Deus caminha pela via do respeito. O respeito, quando não é gerado pelo medo, é fruto de vida. O respeito deve, dessa forma, estar baseado no amor e na gratuidade do relacionamento. Devemos perceber o respeito como dom de Deus que nos é dado e que volta para Deus, porque quando nos relacionamos bem com nossos irmãos nos relacionamos bem com o próprio Deus. Reflitamos em nossos corações sobre o nosso temor (respeito) a Deus. Reflitamos também sobre como vai o respeito dentro de nossa comunidade e família.

*Breve momento de silêncio.*

### 3. Palavra de Deus – Provérbios 3,5-12

*Antes da leitura, pode-se entoar um canto para acolher a palavra de Deus. Após a leitura, o dirigente convida os participantes a confrontar, em breve silêncio, a reflexão pessoal com a leitura proposta.*

### 4. Partilha

*O grupo partilha sobre os pontos sugeridos a seguir ou sobre outros.*

1) Como caminha a família no temor entre si e em relação a Deus?
2) Como procuramos melhorar nossa vivência do temor de Deus?

3) Temer a Deus implica praticar seus mandamentos.

5. Canto – à escolha (*páginas 61ss*)

6. Preces

*O dirigente convida o grupo para realizar preces espontâneas.*

7. Oração

*Todos:* Espírito Santo, concedei-nos o dom do temor de Deus. Assim, nós teremos um só receio: o medo de ofender e entristecer nosso Pai celeste. Assim temendo, como filhos e filhas, ao nosso Deus, nunca vamos ofender nosso próximo, imagem de Deus, e saberemos perdoar sempre, exatamente como nós queremos amar e ser perdoados.

*Dir.:* Rezemos um pai-nosso, tendo presente nossas famílias e suas necessidades. Por meio de nossas famílias, que todas as famílias sejam abençoadas.

*Todos:* Pai nosso, que estais nos céus...

## 8. Bênção

*Os pais e mães de família estendem suas mãos sobre o grupo e dizem:*

– Que a graça do Espírito Santo seja presença viva em nossos corações e, por meio de nós, em nossas famílias.

*Todos:* Amém!

– Que, através do nosso testemunho de famílias cristãs, outras famílias se acheguem a Deus e o assumam como meta de vida.

*Todos:* Amém!

– Que Deus todo-poderoso nos abençoe: Pai, Filho e Espírito Santo.

*Todos:* Amém!

– Louvado seja nosso Senhor Jesus Cristo.

*Todos:* Para sempre seja louvado!

9. CANTO FINAL – à escolha (*páginas 61ss*)

# OITAVO DIA
# DAI-NOS, SENHOR, CIÊNCIA

1. Abertura (*página 9*)

2. Motivação

*Dir.:* O dom da ciência também vem nos auxiliar na melhor compreensão da realidade que nos cerca. Ele nos remete a uma tomada de consciência das dificuldades que nós e nossos irmãos vivemos. Ao nos tornarmos conscientes, imediatamente devemos partir para a luta e buscar alternativas de solução. Em nosso meio há muitas pessoas que não leem a sua vida segundo a palavra de Deus. Reflitamos em primeiro lugar sobre nós, mas pensemos também nessas pessoas e de que forma podemos ajudá-las.

*Breve momento de silêncio.*

## 3. Palavra de Deus – 1Coríntios 14,1-5

*Antes da leitura, pode-se entoar um canto para acolher a palavra de Deus. Após a leitura, o dirigente convida os participantes a confrontar, em breve silêncio, a reflexão pessoal com a leitura proposta.*

## 4. Partilha

*O grupo partilha sobre os pontos sugeridos a seguir ou sobre outros.*

1) Como lemos nossa realidade à luz da palavra de Deus? 2) Como acolhemos os dons que Deus nos concede e como os utilizamos para o crescimento da comunidade? 3)

O dom da ciência nos ajuda a enxergar além das aparências.

5. Canto – à escolha (*páginas 61ss*)

6. Preces

*O dirigente convida o grupo para realizar preces espontâneas.*

7. Oração

*Todos:* Espírito Santo, concedei-nos o dom da ciência. Com ela, conheceremos sempre melhor os caminhos que nos levam para vós. Não pedimos apenas a ciência que passa, mas principalmente a consciência tranquila de viver na fé, na esperança e na caridade.

*Dir.:* Tendo em vista a caminhada da Igreja nos últimos tempos e sua carência de sacerdotes e religiosos, rezemos para que o Espírito Santo suscite muitas e santas vocações para sua Igreja. Contemplando a encarnação do Verbo divino no seio de Maria, por obra do Espírito Santo, invoquemos para a Igreja novos servos e servas.

*Rezar uma dezena do terço.*

8. BÊNÇÃO

*Dir.:* Peçamos nesse encontro de hoje que Deus nos abençoe por meio de Maria:

*Todos:* Maria, minha querida e terna mãe, colocai vossa mão sobre minha cabeça. Guardai minha mente, coração e sentidos, para que eu não cometa o pecado. Santificai meus pensamentos, sentimentos, palavras e ações, para que eu possa agradar a vós e ao vosso Jesus e meu Deus. E assim possa partilhar da vossa felicidade no céu. Jesus e Maria, dai-me a vossa bênção: em nome do Pai, do Filho e do Espírito Santo. Amém!

*Dir.:* Louvado seja nosso Senhor Jesus Cristo!

*Todos:* Para sempre seja louvado!

9. Canto final – à escolha (*páginas 61ss*)

# NONO DIA
# DAI-NOS, SENHOR, AMOR

1. Abertura (*página 9*)
2. Motivação

*Dir.:* A caminhada que fizemos juntos nos aqueceu o coração para que o Espírito Santo de Deus venha morar em nós. O Espírito de Deus foi-nos dado como herança, e seus dons visam nossa edificação pessoal bem como da comunidade da qual participamos. Cada dom tem sua significação própria e seu porquê, contudo, se o vivenciamos sem amor ele não produz os frutos que deveria. Em meio a uma sociedade

extremamente materialista, reflitamos sobre o significado do amor
em nossa vida. Há amor em nós?

*Breve momento de silêncio.*

### 3. Palavra de Deus – 1Coríntios 13,1-13

*Antes da leitura, pode-se entoar um canto para acolher a palavra de Deus. Após a leitura, o dirigente convida os participantes a confrontar, em breve silêncio, a reflexão pessoal com a leitura proposta.*

### 4. Partilha

*O grupo partilha sobre os pontos sugeridos a seguir ou sobre outros.*

1) Como o amor pode ser traduzido hoje em gestos concretos em nossas vidas? 2) Amar é dar de si para que outros possam ter mais vida. 3) Quais nossos planos daqui

para diante em relação ao amor que devemos partilhar?

5. Canto – à escolha (*páginas 61ss*)

6. Preces

*O dirigente convida o grupo para realizar preces espontâneas.*

7. Oração

*Dir.:* Rezemos para pedir os doze frutos do Espírito Santo.

*Todos:* Vinde, Espírito Santo, transformai o nosso coração.

*Dir.:* O fruto da caridade, que nos faça amar a Deus de todo o coração e ao nosso próximo como a nós mesmos.

*Todos:* Dai-nos o fruto da caridade e do amor.

*Dir.:* O fruto da alegria, que nos faça viver intimamente consolados, sem nunca desanimar, por mais que estejamos sofrendo.

*Todos:* Dai-nos o fruto da alegria.

*Dir.:* O fruto da paz, que nos faça viver espiritualmente serenos, ainda que estejamos passando as maiores tribulações internas ou externas.

*Todos:* Dai-nos o fruto da paz.

*Dir.:* O fruto da paciência, que nos ajuda a enfrentar qualquer coisa por amor a Deus.

*Todos:* Dai-nos o fruto da paciência.

*Dir.:* O fruto da benignidade, que nos faça solidários e amigos com todos os que precisarem de nós.

*Todos:* Dai-nos o fruto da benignidade.

*Dir.:* O fruto da bondade, que nos torne atenciosos para com todos, principalmente com os mais necessitados.

*Todos:* Dai-nos o fruto da bondade.

*Dir.:* O fruto da longanimidade, que nos faça esperar por momentos melhores com otimismo, sem ficar aflitos.

*Todos:* Dai-nos o fruto da longanimidade.

*Dir.:* O fruto da mansidão, que nos faça suportar as ofensas, o esquecimento ou a ingratidão, sem perder a calma.

*Todos:* Dai-nos o fruto da mansidão.

*Dir.:* O fruto da fé, que nos faça crer firmemente na vossa palavra, revelada no universo, na história, na Bíblia e na Igreja.

*Todos:* Dai-nos o fruto da fé.

*Dir.:* O fruto da modéstia, que nos faça respeitar os outros, como esperamos ser respeitados e mesmo que não nos respeitem.

*Todos:* Dai-nos o fruto da modéstia.

*Dir.:* O fruto da pureza, que conserve o nosso espírito sempre bom e inocente, sem maldade nem malícia.

*Todos:* Dai-nos o fruto da pureza.

*Dir.:* O fruto da castidade, para que respeitemos o nosso corpo e o dos nossos irmãos e irmãs, como templos sagrados onde vós quereis habitar para sempre, nesta e na outra vida.

*Todos:* Dai-nos o fruto da castidade.

## 8. Bênção

*Cada um coloca a mão sobre o ombro do companheiro ou da companheira e diz:*

*Todos:* Que a promessa de Deus possa se cumprir em sua vida e fazê-lo (fazê-la) caminhar seguramente sobre as pegadas dele. Que os dons do alto edifiquem sua vida pessoal e que você também os utilize para edificar a Igreja, mas que acima de tudo haja amor autêntico em seu coração e na missão que executa. Que o Deus todo-poderoso o (a) abençoe: Pai, Filho e Espírito Santo. Amém!

9. Canto final – à escolha (*páginas 61ss*)

# CANTOS

(1)

**Refrão:** Nós estamos aqui reunidos, como estavam em Jerusalém, / Pois só quando vivemos unidos é que o Espírito Santo nos vem.

1. Ninguém para esse vento passando; ninguém vê e ele sopra onde quer.
   Força igual tem o Espírito, quando faz a Igreja de Cristo crescer.

2. Feita de homens, a Igreja é divina, pois o Espírito Santo a conduz.

Como fogo que aquece e ilumina, que é pureza, que é vida, que é luz.

3. Sua imagem são línguas ardentes, pois amor é comunicação. E é preciso que todas as gentes saibam quanto felizes serão.

(2)

**Refrão:** Envia teu Espírito, Senhor, e renova a face da terra (*bis*).

1. Bendize, minha alma, ao Senhor,
   Senhor meu Deus, como és tão grande!

2. Como são grandes tuas obras, ó Senhor,
   A terra é cheia das tuas criaturas.

3. Quando ocultas tua face elas se perturbam,
   Se lhes tiras sua vida, voltam ao seu nada.

(3)

**Refrão:** O Espírito do Senhor repousa sobre mim.
O Espírito do Senhor me escolheu, me enviou.

1. Para dilatar o seu reino entre as nações,
Para anunciar a boa nova a seus pobres.
Para proclamar a alegria e a paz:
Exulto de alegria em Deus, meu salvador.

2. Para dilatar o seu reino entre as nações,
Consolar os corações esmagados pela dor.

Para proclamar sua graça e salvação,
E acolher quem sofre e chora sem apoio, sem consolo.

3. Para dilatar o seu reino entre as nações,
Para anunciar libertação e salvação.
Para anunciar seu amor e seu perdão,
Para celebrar sua glória entre os povos.

(4)

**Refrão:** A nós descei, divina luz!
A nós descei, divina luz!
Em nossas almas acendei
o amor, o amor de Jesus.

1. Vós sois a alma da Igreja, vós sois a vida, sois o amor,
Vós sois a graça benfazeja, que nos irmana no Senhor.

2. Divino Espírito, descei; os corações vinde inflamar,
E as nossas almas preparar, para o que Deus nos quer falar.

(5)

**Refrão:** Vem, Espírito Santo, vem,
vem iluminar (*bis*).

1. Nossos caminhos vem iluminar,
   Nossas ideias vem iluminar,
   Nossas angústias vem iluminar,
   As incertezas, vem iluminar.

2. Nosso encontro vem iluminar,
   Nossa história vem iluminar,
   Toda a Igreja vem iluminar,
   A humanidade vem iluminar.

## 6

1. Eu navegarei no oceano do Espírito,
   E ali adorarei o Deus do meu amor (*bis*).

**Refrão:** Espírito, Espírito, que desces como fogo,
   Vem como em Pentecostes e enche-me de novo (*bis*).

2. Eu adorarei ao Deus da minha vida,
   Que me compreendeu sem nenhuma explicação (*bis*).

3. Eu servirei ao meu Deus fiel,
   Ao meu libertador, aquele que venceu (*bis*).

(7)

**Refrão:** Vem, Espírito Santo, vem
e não demores,
Vem e não demores (bis).

1. Faze dos cristãos que aqui estão tuas testemunhas da ressurreição.
Da luta pela paz e o amor, da luta por um mundo melhor.

2. Vem animar a nossa missão, vem trazer à Igreja um novo vigor.
Vem iluminar a nossa vida, vem nos unir como irmãos.

3. Vem, Espírito Santo, e não demores, vem renovar a face da terra.
Vem eliminar toda guerra, vem libertar o teu povo.

(8)

**Refrão:** As sementes que me deste e que não eram pra guardar, Pus no chão da minha vida, quis fazer frutificar.

1. Dos meus dons que recebi pelo Espírito de amor,
Trago os frutos que colhi e em tua mesa quero pôr.

2. Pelos campos deste mundo quero sempre semear,
Os talentos que me deste para eu mesmo cultivar.

3. Quanto mais eu for plantando, mais terei para colher;
Quanto mais eu for colhendo, mais terei a oferecer.

(9)

**Refrão:** Vem, Santo Espírito, consolador!
Acende a chama do nosso amor.

1. Luz do céu que vem para nos consolar;
Dom que o Pai mandou para santificar;
Claridade santa que vem nos guiar;
Força no caminho que vamos andar.

(10)

**Refrão:** Vem, vem, vem! Vem, Espírito Santo de amor! Vem a nós, traz à Igreja um novo vigor!

1. Presente no início do mundo, presente na criação.
Do nada geraste a vida, que a vida não sofra no irmão.

2. Presença de força aos profetas, que falam sem nada temer.
Contigo sustentam o povo na luta que vão empreender.

3. Presença que gera esperança, Maria por ti concebeu.
No povo renasce a confiança, ó Espírito Santo de Deus.

## 11

1. Quando o Espírito de Deus soprou, o mundo se iluminou.
   A esperança na terra brotou e um povo novo deu-se as mãos e caminhou.

**Refrão:** Lutar e crer, vencer a dor, louvar o criador.
   Justiça e paz hão de reinar e viva o amor.

2. Quando Jesus a terra visitou, a boa nova da justiça anunciou.
   O cego viu, o surdo escutou, e os oprimidos das correntes libertou.

3. Cidade e campo se transformarão, jovens unidos na esperança gritarão.
A força nova é o poder do amor, nossa fraqueza é força em Deus libertador.

(12)

1. Cantar a beleza da vida, presente do amor sem igual,
Missão do teu povo escolhido,
Senhor, vem livrar-nos do mal.

**Refrão:** Vem dar-nos teu Filho, Senhor, sustento no pão e no vinho,
E a força do Espírito Santo unindo teu povo a caminho.

2. Falar do teu Filho às nações, vivendo como ele viveu:
Missão do teu povo escolhido,
Senhor, vem cuidar do que é teu.

3. Viver o perdão sem medida,
   servir sem jamais condenar:
   Missão do teu povo escolhido,
   Senhor, vem conosco ficar.

# SUMÁRIO

| | |
|---|---|
| 5 | Introdução |
| 7 | **NOVENA AO ESPÍRITO SANTO** |
| 9 | Abertura |
| 13 | Primeiro Dia |
| 18 | Segundo Dia |
| 23 | Terceiro Dia |
| 27 | Quarto Dia |
| 32 | Quinto Dia |
| 37 | Sexto Dia |
| 42 | Sétimo Dia |
| 47 | Oitavo Dia |
| 52 | Nono Dia |
| 61 | **CANTOS** |